Julius Hoffory

Professor Sievers und die Prinzipien der Sprachphysiologie

Eine Streitschrift

Julius Hoffory

Professor Sievers und die Prinzipien der Sprachphysiologie
Eine Streitschrift

ISBN/EAN: 9783743371293

Hergestellt in Europa, USA, Kanada, Australien, Japan

Cover: Foto ©Thomas Meinert / pixelio.de

Manufactured and distributed by brebook publishing software (www.brebook.com)

Julius Hoffory

Professor Sievers und die Prinzipien der Sprachphysiologie

Professor Sievers

und die

Principien der Sprachphysiologie

Eine Streitschrift

von

Julius Hoffory

Berlin

Weidmannsche Buchhandlung

1884.

Vorwort.

Von allen neueren sprachphysiologischen Schriften haben die Grundzüge der Phonetik von E. Sievers bei Weitem die grösste Verbreitung gefunden, und es ist kaum zuviel gesagt, dass sie in gewissen Kreisen geradezu als ein canonisches Buch betrachtet werden. In dem vorliegenden Schriftchen habe ich nachzuweisen versucht, dass Sievers' Werk zu Unrecht eine Stellung wie die eben geschilderte einnimmt und dass es überhaupt nicht zur Einführung in das Studium der Phonetik geeignet ist. Ob es meinen Ausführungen beschieden ist, eine richtigere Würdigung des gedachten Buches herbei zu führen, mag die Zukunft lehren.

Berlin, im April 1884.

Der Verfasser.

In der Vorrede zur neuen Ausgabe seiner Grundzüge der Phonetik äussert Sievers sich über die Aufnahme, welche dem Buche in seiner ursprünglichen Gestalt zu Theil wurde, wie folgt: „Wenig positiven Gewinn verdanke ich im ganzen den deutschen Recensenten der ersten Ausgabe, die entweder zu rücksichtsvoll auch die schwächeren Partien desselben anerkannten[1] oder als Vertreter eigener abweichender Systeme bei der Beurtheilung Forderungen an das Werkchen stellten, deren Erfüllung dasselbe von vornherein ausdrücklich ablehnte." Ich werde darnach streben, diese beiden Klippen dadurch zu vermeiden, dass ich mich zwar nach Kräften bemühe, die Schwächen des Buches als solche erscheinen zu lassen, der Beurtheilung des Ganzen jedoch die eigenen systematischen Grundanschauungen Sievers' durchweg zu Grunde lege. Zunächst aber werde ich versuchen, besagte Grundanschauungen einer kritischen Prüfung zu unterziehen.

Seinen Ausgangspunkt nimmt Sievers in dem einleitenden Abschnitte über „Stellung, Aufgabe und Methode der Phonetik" (vgl. S. 5 seines Werkes) vom

---

[1] Wie wenig dieser doch kaum misszuverstehende Wink gefruchtet hat, davon legt die von Herrn W. B. verfasste Recension der zweiten Auflage beredtes Zeugniss ab (vgl. Literarisches Centralblatt 1881, Nr. 41).

Satze. Es sei von selbst einleuchtend, meint er, „dass eine streng systematisch vorgehende Phonetik bei der Untersuchung des Satzes beginnen müsste, denn der Satz allein ist ein in der gesprochenen Sprache selbst gegebenes direct zu beobachtendes Object." Erst nachdem man gelernt, allen denjenigen Veränderungen, die der Satz beim mündlichen Ausdruck erfahren kann, Rechnung zu tragen, sollte man zur Zerlegung des Satzes selbst fortschreiten, d. h. „zur Untersuchung der einzelnen Sprachtacte (§ 33) und der Silben als Glieder dieser Sprachtacte: daran erst hätte sich dann die Analyse der Silben als solcher und die ihrer Einzellaute anzuschliessen." „Aus praktischen Gründen," bemerkt Sievers weiter, „pflegt man aber auch beim Studium der Phonetik von den einfachsten Elementen zu den complicirteren Gebilden fortzuschreiten und diese Methode ist auch in dem vorliegenden Werke festgehalten worden." Er knüpft aber daran die Mahnung, nicht zu vergessen, dass „die Aufstellung eines blossen Lautsystemes, so wichtig sie an sich ist, doch immer nur eine der elementarsten Thätigkeiten des Phonetikers" sei, „in dessen Bereich die gesammten Erscheinungsformen der gesprochenen Sprache fallen." Nachdem sodann im § 2 die „allgemeinen akustischen Sätze", im § 3 „das menschliche Sprachorgan" erörtert worden, behandelt der Verfasser im § 4 „die Functionen der Sprachorgane im allgemeinen", wobei auch die drei für das Zustandekommen eines Sprachlautes nothwendigen Factoren (der Exspirationsstrom, die schallerzeugende Hemmung (theils im Kehlkopf, theils im Ansatzrohr, theils in beiden) und der Resonanzraum) besprochen werden (S. 26). „Die wichtige Vorfrage, was denn ein Einzellaut sei," wird aber erst im § 5, der „die Eintheilung und das System der Sprachlaute" behandelt, nach einer längeren Auseinandersetzung über Vocal (Sonant) und Consonant aufgeworfen. „Die streng theoretische Antwort," äussert Sievers S. 32, „hätte natürlich zu lauten, dass darunter ein Schall zu verstehen sei, der durch eine bestimmte Zusammenwirkung bestimmter Articulationsfactoren und nur durch diese erzeugt werde." Aber in der Praxis fragt man „gewöhnlich nur nach der Articulationsform des Ansatzrohres, in zweiter Linie nach Betheiligung oder Nichtbetheiligung des Kehlkopfes an der Articulation im allgemeinen; man ignorirt also grundsätzlich alle die Verschiedenheiten, welche von der Respiration und der qualitativen Art der Hemmung im Kehlkopf abhängen, ... ja soweit ist man in der einseitigen Betonung der Articulationsstellungen gegangen, dass Brücke seine Zeichen ausdrücklich als Stellungszeichen, nicht als Lautzeichen aufgefasst wissen wollte." „Was damit erhebliches gewonnen sein soll," sieht Sievers indessen nicht ein, und er fügt hinzu, dass sich auch dies System zu völliger Consequenz nicht durchbilden lasse, „denn es dürfte ja danach das Zeichen p z. B. nur die Stellung des Mundes mit geschlossenen Lippen und offenem Kehlkopf darstellen: eine Stellung, bei der niemals ein Laut hervorgebracht werden kann. Vielmehr kommt die eigentliche Lautbildung, die wir durch das Zeichen p versinnlichen, in einem Worte wie *apa* dem Verschluss und der Wiedereröffnung der Lippen zu, d. h. zwei Acten, welche der eigentlichen Articulationsstellung zeitlich vorausgehen und folgen." Nachdem Sievers es somit von vornherein abgelehnt, „die blosse Articulationsform allein zur Grundlage einer Eintheilung der Sprachlaute zu machen," erörtert er weiter in ausführlicher Darstellung zunächst, dass beispielsweise die Zahl der möglichen Vocale und Vocalnüancen eine unbeschränkte zu nennen sei, und dass die Praxis „aus dieser unendlichen Zahl möglicher Laute" „nur eine beschränkte Anzahl von Typen oder Kategorien" auswähle, „die sie unter einander in einen Gegensatz stellt," und hebt von den übrigen Schwierigkeiten, die der Aufstellung eines Systemes entgegenstehen, besonders diejenigen hervor, die sich daraus ergeben, „dass man denselben Laut häufig von ganz verschiedenen Gesichtspunkten betrachten kann." So lasse sich z. B. *m* theils als „reiner Stimmtonlaut, dem *a* als solcher nahe verwandt, aber characteristisch von ihm geschieden durch den Schluss der Lippen und eine andere Stellung des Gaumensegels" auffassen, theils als „ein nasalirtes tönendes *b*", „denn *m* unterscheidet sich von *b* eben wie der nasalirte Vocal vom reinen Vocal nur dadurch, dass bei dem ersteren das Gaumensegel frei im Munde schwebt, der Luft Eingang in Mund- und Nasenraum verstattend, bei letzterem aber dem Rachenrand fest anliegt"(cfr. S. 34 und 35). Diese und ähnliche Erwägungen führen dann schliesslich Sievers dazu, auf die Frage, ob es überhaupt möglich sei, „ein allen Anforderungen genügendes allgemeines System aufzustellen, in dem, wie es die Vollständigkeit erfordert, alle möglichen Laute der menschlichen Sprachorgane ihren Platz finden." „mit möglichster Entschiedenheit Nein zu antworten; denn Niemand kann von vornherin alle möglichen[1] Combinationen der ein-

---

[1] Die vielen Wiederholungen dieses Wortes fallen Sievers, nicht mir zur Last.

zelnen Articulationsformen überschauen" (S. 36). Sievers meint dagegen „im ausdrücklichsten Gegensatz zu den neueren auf Herstellung einer allgemeinen Lautsystematik gerichteten Bestrebungen", „dass eine gedeihliche Weiterentwickelung der Lautsystematik nur auf dem Wege der genauen Erforschung und Characterisirung der Einzelsysteme der Einzelmundarten (letzteres Wort im allerstrengsten Sinne genommen) zu erwarten ist." Sollen nun aber „Systeme verwandter Mundarten und Sprachen, die aus einem gemeinschaftlichen Grundsystem abgeleitet sind, mit einander verglichen und in historischen Zusammenhang gebracht werden, so ist freilich eine gewisse Verallgemeinerung der für jene Einzelsysteme gegebenen Definitionen nicht zu umgehen; aber auch diese Verallgemeinerung wird sich je nach den bestimmten Bedürfnissen des einzelnen Falles zu richten haben. In dem vorliegenden Buche, dessen ausdrücklicher Zweck der einer Einleitung in das Studium der Lautgeschichte der indogermanischen Sprachen ist, sind z. B. von vornherein alle Laute principiell von der Betrachtung ausgeschlossen worden, welche sich bisher nicht als Glieder indogermanischer Lautsysteme haben nachweisen lassen." „Dieser Zweck des Buches muss denn auch den Ausschlag geben, bei der Aufstellung der allgemeineren Definitionen gewisser Lautgruppen, d. h. diejenigen Formen eines ‚Lautes' (d. h. wie oben ausgeführt aller derjenigen Schallvarietäten, welche herkömmlicher Weise als lautliche Einheit gefasst werden) müssen von uns als Normalformen betrachtet werden, welche mit einigem Grund als die Normalformen der gemeinschaftlichen Stammmutter der modernen indogermanischen Sprachen oder jedenfalls als die historischen Vorgänger der modernen Laute zu erschliessen sind" (S. 37—38).

Indem nun Sievers, von diesen Grundanschauungen ausgehend, an die systematische Betrachtung der indogermanischen Sprachlaute herantritt, knüpft er zunächst an die drei oben erwähnten Factoren der Lautbildung: Exspiration, Hemmung, Resonanz an. Jeder von ihnen „kann theoretisch zum Ausgangspunkte einer Eintheilung gemacht werden, ebenso aber auch ferner der akustische Gesammtwerth der Sprachlaute, der aus dem Zusammenwirken aller Factoren resultirt. Welcher von allen diesen Ausgangspunkten praktisch zum obersten Eintheilungsgrunde zu machen sei, darüber lässt sich streiten; doch scheint es für unseren Zweck am vortheilhaftesten, mit der Erwägung der akustischen Eigenschaften zu beginnen und die Erörterung der übrigen Eintheilungsgründe nachfolgen zu lassen. Doch halte man dabei stets im Auge, dass auch diese anderen Eintheilungsgründe, obschon aus praktischen Rücksichten hier an zweite Stelle gesetzt, an sich von nicht geringerer Bedeutsamkeit sind als der akustische Werth eines Lautes" (S. 38—39).

Auf diese Weise bekommen wir also nicht eine Operationsbasis sondern deren vier! Und zwar sind sie alle „an sich" gleich gut, aber „der akustische Gesammtwerth" scheint für Sievers' Zweck am vortheilhaftesten. Ich denke, der Leser wird es für unseren Zweck am vortheilhaftesten finden, ehe wir weiter gehen, eine Argumentation, welche zu so seltsamen Ergebnissen führt, mit möglichster Sorgfalt zu prüfen.

Dass Sievers seinen Ausgangspunkt vom Satze nimmt, ist gewiss nur zu billigen. Man könnte freilich geneigt sein, anstatt vom Satze, lieber von der Periode auszugehen; da aber dieselbe wiederum aus Sätzen besteht, ist es praktisch nicht von grossem Belang, ob wir jene oder diesen zum Ausgangspunkt machen. Es ist ferner zu billigen, dass Sievers den Satz in Sprachtacte, den Tact in Silben auflöst. Wenn er aber weiter die Elemente der Silbe schlechthin als „Einzellaute" bezeichnet, so begeht er hiermit einen sehr schweren Fehler, wol den folgenschwersten, der in der Sprachphysiologie überhaupt begangen werden kann, und er verschliesst sich von vorn herein die Möglichkeit, über die Fundamentalsätze dieser Wissenschaft ins Klare zu kommen. Die Silbe besteht nämlich nicht nur aus lautenden, sondern auch aus lautlosen Elementen. Sprechen wir drei Wörter wie *Gyps*, *Sitz*, *Klecks*, so entsteht hier, nachdem der Verschluss für *p*, *t*, *k* sich gebildet, ein Moment vollständiger Lautlosigkeit, dann löst sich der Verschluss und der Uebergang zum *s*-Laut findet statt. Dieser lautlose Moment ist natürlich ebensogut wie die Laute ein Element der Silbe und darf bei der Analyse derselben ebensowenig ausser Acht gelassen werden, wie in der Musik die Pausen als nicht existirend betrachtet werden dürfen. Zu diesem verhängnissvollen Fehler ist Sievers dadurch geführt worden, dass er es unterlassen hat, auf die überaus wichtige Vorfrage, ob die Phonetik die Sprache als akutisches Phänomen oder als genetisches Product zu betrachten hat, einzugehen. Da von der richtigen Beantwortung dieser Frage die ganze Methodik unserer Wissenschaft abhängt, müssen wir sie etwas genauer ins Auge fassen.

„Die Sprache", sagt Flodström in seiner Abhandlung „Zur Lehre von den Consonanten", (Bezzenberger, Beitr. zur Kunde der idg. Sprachen VIII, s. 1 ff.)[1] „kann von zwei Seiten betrachtet werden, theils als vernommen oder gehört, theils als hervorgebracht oder gesprochen. Die erstere Eigenschaft ist unzweifelhaft die wichtigste: denn wenn die Sprache durch den Gehörsinn nicht aufgefasst werden könnte, hätte sie wol kaum irgend eine Bedeutung. Es ist zwar wahr, dass es Personen giebt, die durch blosses Aufmerken auf die Bewegungen der Lippen und des Mundes zuweilen sehr wol verstehen können, was der Sprechende meint, aber man muss anerkennen, dass, wenn der Mensch im allgemeinen für das Auffassen der Gedanken anderer auf den Gesichtssinn hingewiesen wäre, irgend eine andere Art von Zeichensprache weit dienlicher gewesen wäre. Als gehörte besteht die Sprache aus Lauten, aber nicht nur aus Lauten, sondern auch aus lautlosen Momenten, die ja auch ihre Bedeutung haben, da sie nicht nach Belieben hinzugefügt oder fortgelassen werden können. Aber für den Sprachforscher ist die Eigenschaft der Sprache, gesprochen zu sein, wie die primäre Eigenschaft, so auch die hauptsächlichste. Würde der Sprachforscher seine Aufmerksamkeit ausschliesslich auf die Sprache als gehörte richten, so würde er nicht weit kommen; denn es dürfte nur sehr wenig Veränderungen in der Sprache geben, von denen

---

[1] Ich benutze diese Gelegenheit, um auf die hohe Bedeutung der erwähnten Abhandlung aufmerksam zu machen. Sie enthält so vieles Hervorragende und Neue, dass sie unbedingt zu den allerwichtigsten Erscheinungen auf dem Gebiete der neueren Sprachphysiologie gerechnet werden muss.

man sagen kann, dass sie auf deren Eigenschaft, ein akustisches Phänomen zu sein, beruhen. Die allermeisten sind rein mechanischer Art, beruhend auf der Art der Hervorbringung. Alle in der Sprachwissenschaft vorkommenden Definitionen sprachlicher Erscheinungen müssen daher so gefasst sein, dass sie nicht nur eine Beschreibung des akustischen Characters der Erscheinung, sondern auch der Hervorbringungsweise enthalten, und dieser letztere Theil darf niemals fehlen, während der erstere sehr wohl höchst unvollständig sein kann.[1] Und bei der Eintheilung der Elemente der Sprache muss die Grundlage der Eintheilung von der primären Seite genommen werden, also von der gesprochenen Sprache, nicht von der gehörten."

Hieraus folgt nun weiter, dass die Sievers'sche Fragestellung „was denn ein Einzellaut sei", durchaus falsch und irreführend ist. Nicht nach den „Lauten", sondern nach den Elementen der Sprache haben wir zu fragen; ob diese aber „lautend" sind oder nicht, ist eine rein akustische Frage, die mit der Sprachphysiologie als solcher gar nichts zu thun hat; im Gegentheil: lautende und nicht lautende Elemente können, nach der Art ihrer Hervorbringung beurtheilt, durchaus parallel sein und systematisch correspondirende Stellungen einnehmen. Statt also mit Sievers den „Einzellaut" als einen „Schall" zu definiren, „der durch eine bestimmte Zusammenwirkung bestimmter Articulationsfactoren und nur durch diese erzeugt werde", haben

---

[1] Dies gilt natürlich nicht, wenn ein Akustiker die Sprache zum Gegenstande seiner Betrachtung macht; denn sie fällt dann in das Gebiet einer Wissenschaft, die ganz andere Gesetze hat als die Sprachwissenschaft.

wir den Begriff des Sprachelements zu bestimmen. Und hier wird schwerlich eine bessere Definition aufgestellt werden können als die von Flodström gegebene: Sprachelement ist „das, was hervorgebracht wird — sei es nun Laut oder nicht — indem Luft aus den Lungen herausgetrieben wird, und die Sprechorgane eine gewisse Stellung in Verbindung mit einem gewissen Grad von Spannung innehaben" (a. a. O. S. 16).

Steht es nun aber fest, dass wir nicht nach Lauten sondern nach Sprachelementen zu fragen haben, so folgt hieraus ferner, dass wir auch nicht von einem Lautsystem reden dürfen, sondern nur von einem System der Sprachelemente. Ehe wir untersuchen, ob es möglich sei, ein solches aufzustellen, müssen wir aber einige Augenblicke bei den Einwänden verweilen, die Sievers gegen ein allgemeines System geltend gemacht hat, und auf die er so grosses Gewicht zu legen scheint. Wir haben gesehen, dass Sievers Brücke zum Vorwurf macht, sein System lasse sich nicht zu völliger Consequenz ausbilden, indem danach z. B. das Zeichen p nur die Stellung des Mundes mit geschlossenen Lippen und offenem Kehlkopf darstellen würde, „eine Stellung, bei der niemals ein Laut hervorgebracht werden kann". Diesen Einwand kann Sievers nur erheben, weil er es nicht erkannt hat, dass das Wort Laut im Sinne des Brückeschen Systems durchaus nicht mit Nothwendigkeit etwas Hörbares zu bezeichnen braucht, vielmehr darunter dasselbe zu verstehen ist, was wir oben Sprachelement nannten; die Sprachelemente können aber, wie wir sahen, theils hörbar, theils nicht-hörbar sein, und zu den letzteren gehört eben das p.

Es ist allerdings nicht zu billigen, dass Brücke an mehreren Stellen seines Werkes „Laut" nach dem gewöhnlichen Sprachgebrauch als Synonymon von „Schall" anwendet. Dies ist aber nur eine Inconsequenz des Ausdrucks, nicht des Systems. Es ist deshalb durchaus unberechtigt, wenn Sievers, auf die besagte „Inconsequenz" gestützt, die Articulationsform als Eintheilungsprincip ablehnen zu können glaubt. Nicht besser ist es um seine übrigen Einwände gegen die neueren systematischen Bestrebungen bestellt. Wenn er z. B. bei dem Gegensatz von „Laut" und „Varietät" verweilt und dabei hervorhebt, dass beispielsweise die Zahl der Vocale und Vocalnüancen eine unbeschränkte zu nennen sei, und dass man sich damit begnügen müsse, nur eine Anzahl von Kategorien auszuwählen, so begreife ich überhaupt nicht, wieso dies gegen die Aufstellung eines allgemeinen Systems sprechen könnte. Auch in der Botanik und in der Zoologie lassen sich keine Systeme aufstellen, die jede Varietät und jede Uebergangsform enthalten; keinem Naturforscher fällt es aber ein, deshalb die systematischen Bestrebungen herabzusetzen oder die Möglichkeit eines allgemeinen Systems zu läugnen. In der Naturwissenschaft wie in der Sprachphysiologie handelt es sich darum, die characteristischen Typen nach ihren Haupteigenschaften zu classificiren; um diese gruppiren sich dann von selbst die zahllosen Varietäten, die natürlich in dem System selbst keinen Platz finden können.

Wenn Sievers ferner geltend macht, dass man denselben Laut häufig von ganz verschiedenen Gesichtspunkten betrachten könne, z. B. das *m* theils als reinen Stimmtonlaut und deshalb dem *a* nahe verwandt, theils als ein nasalirtes tönendes *b*, so beruht dieser Einwand einfach darauf, dass Sievers hier wie gewöhnlich akustische und genetische Gesichtspunkte durcheinander wirft. Als akustisches Phänomen betrachtet, ist *m* allerdings als ein reiner Stimmtonlaut zu bezeichnen; **eine solche Definition gehört aber gar nicht in die Sprachphysiologie**, die, wie wir gesehen haben, überall von der genetischen Seite auszugehen hat. Und wenn wir das *m* nach der Art seiner Hervorbringung zu bestimmen suchen, so kann es eben nur als ein „nasalirtes, tönendes *b*" oder, deutlicher ausgedrückt, als ein nasaler, tönender Verschlussconsonant definirt werden, welche Definition in jeder Hinsicht den Anforderungen eines „allgemeinen" Systemes entspricht.

Wenn Sievers endlich als letztes Argument gegen die Aufstellung eines allgemeinen Systemes bemerkt, dass Niemand „von vorn herein alle möglichen Combinationen der einzelnen Articulationsformen überschauen" könne, so ist auch dieser Einwand durchaus hinfällig. Es handelt sich ja gar nicht darum, alle möglichen Combinationen von „Lauten" systematisch zu classificiren; auch ist mir nicht bekannt, dass es irgend einem Phonetiker eingefallen wäre, sich eine derartige Aufgabe zu stellen. Im Gegentheil betont ja z. B. Brücke wiederholt, dass er nur darauf ausgehe, ein System aufzustellen, welches sämmtliche einfachen „Sprachlaute" (d. h. solche, die nur eine Articulationsstelle haben) umfasst. In einem besonderen Capitel behandelt Brücke dann die häufigst vorkommenden combinirten Sprachlaute (d. h. diejenigen, die mehr als eine Articulationsstelle haben) und weist nach, dass sich dieselben sämmtlich in ihre einzelnen Elemente auflösen lassen. Natürlich ist es ihm aber niemals in den Sinn gekommen, alle möglichen Combinationen der einzelnen Articulationsformen erschöpfen zu wollen: er wusste so gut wie Sievers, dass dies eine ebenso unlösbare wie unnütze Aufgabe wäre. — Wir haben hiermit gesehen, dass Sievers' Einwände gegen die Aufstellung eines allgemeinen Systemes theils an sich grundlos sind, theils auf seinem verkehrten Ausgangspunkte beruhen. Wenn wir uns jetzt, nachdem die wichtigsten Grundprobleme erörtert sind, aufs Neue die Frage vorlegen, ob ein allgemeines System der Sprachelemente möglich sei, so kann die Antwort unzweifelhaft nur bejahend ausfallen. Das menschliche Sprachorgan ist weder unbegrenzt noch unübersehbar, und es giebt, objectiv gesehen, kein Hinderniss, das uns abhalten könnte, alle Möglichkeiten der Entstehung der Sprachelemente theoretisch zu ergründen, und darauf ein allgemeines, alle characteristischen Typen umfassendes System zu basiren. Eine ganz andere Frage ist es jedoch, ob ein derartiges System auf dem gegenwärtigen Standpunkte der Wissenschaft möglich sei, und ob besonders Brückes System diejenigen Anforderungen erfülle, die man in dieser Beziehung zu stellen berechtigt ist. Und hier können wir nicht mit derselben Entschiedenheit wie oben bejahend antworten.

Brückes System ist ein grossartiger Anfang; der Urheber hat mit fester Hand den Bauplan entworfen und selbst so kräftig Hand ans Werk gelegt, dass die Grundlage für alle Zeiten feststehen wird. Aber es ist eben nur ein Anfang; der Bau ist bei Weitem nicht fertig, in Einzelheiten ist noch vieles auszubessern, und es wird lange dauern, ehe das Haus unter Dach gebracht sein wird. Die Schuld hieran liegt indessen nicht bei Brücke; sie ist vielmehr in dem ungünstigen Zustande zu suchen, worin sich unsere Wissenschaft, trotz ihres hohen Alters befindet, indem es uns noch an immer ausreichenden Mitteln gebricht, um mit objectiver Sicherheit zu constatiren, wie unsere Sprechorgane arbeiten. Wir sind bis jetzt nur zu sehr auf die subjective Beobachtung mittels des Auges und des Ohres verwiesen gewesen, ohne die Richtigkeit des Beobachteten controlliren zu können, und wir sind über die Thätigkeit unserer Sprachwerkzeuge bei Weitem nicht derart im Klaren, wie wir es sein müssten um ein durchaus vollständiges und fehlerloses System aufzustellen.

Wir dürfen deshalb auch bei der Beurtheilung von rein systematischen Fragen einstweilen noch nicht ganz auf die Unterstützung von Seiten der Grammatik verzichten; die Lehre von der Function und der historischen Entwickelung der Sprachelemente kann uns manchmal bei der Classification derselben werthvolle Fingerzeige geben und auch in physiologischer Hinsicht vielfach von Nutzen sein, wenn uns die objectiven Kriterien in Stich lassen.

Als ein solches Problem, das sich nach meiner Meinung auf dem jetzigen Standpunkte der Wissenschaft nicht mit objectiver Sicherheit lösen lässt, erwähne ich beispielsweise die vielbesprochene Tenuis-Media-Frage. Es herrscht jetzt kein Zweifel darüber mehr, dass die Tenues sich normaliter durch Tonlosigkeit und damit in Verbindung stehende beträchtliche Exspirationsenergie auszeichnen, während den Mediae normaliter Stimmton und geringere Intensität eigen sind. Nun werden aber im Süddeutschen und mehreren anderen Dialecten *b, d, g* anscheinend ohne Stimmton gesprochen, während gleichzeitig der Stimmaufwand bei *l, r, m, n* auf ein unbedeutendes Minimum reducirt ist. Dabei functioniren diese *b, d, g* ganz wie die wirklich tönenden *b, d, g,* d. h. sie üben auf die benachbarten Sprachelemente ganz dieselbe Wirkung aus wie diese. Soll man nun, wie mehrere Phonetiker es wollen, die erwähnten Consonanten ohne Weiteres als eine Unterabtheilung der Tonlosen auffassen und sie demgemäss als „schwache Tenues" characterisiren? Ich meine, wir sind hierzu auf der gegenwärtigen Stufe unseres Wissens nicht berechtigt. Denn ich halte es nicht für ausgemacht, dass der Stimmton hier vollständig fehlt, wenn er auch dem unbewaffneten Ohre nicht vernehmbar ist: es lässt sich sehr wohl denken, dass er nur auf ein noch geringeres Minimum reducirt ist als bei den oben erwähnten *l, r, m, n,* was ja auch ganz natürlich erscheinen muss, da der Stimmaufwand an sich grösser ist bei *l, r, m, n,* als bei *b, d, g.* Es ist deshalb am vorsichtigsten, die besagten Consonanten einstweilen als reducirte Mediae, d. h. als Schwächungen der normalen tönenden *b, d, g,* zu characterisiren, ebenso wie die unter denselben Bedingungen auftretenden schwach gesprochenen *l, r, m, n* als reducirte Nebenformen der normalen volltönenden zu betrachten sind.[1]

---

[1] Ich habe, Zeitschr. f. vgl. Sprachforschung XXV, 431, Unrecht gehabt, das Vorhandensein des Stimmtons so unbedingt zu läugnen, bloss weil er dem unbewaffneten Ohre nicht wahrnehmbar ist. Und es wäre vielleicht auch nicht überflüssig gewesen, das durch Heranziehung historischer und functioneller Momente gewonnene Ergebniss ausdrücklich als ein vorläufiges zu bezeichnen, das nur so lange Gültigkeit hat, bis das Vorhandensein oder Nicht-

Aber wir dürfen dabei nicht vergessen, dass die Heranziehung functioneller und historischer Momente für die Sprachphysiologie nur ein vorläufiger Nothbehelf sein darf, und dass die Resultate, die auf diesem Wege erreicht werden, nur so lange als maassgebend betrachtet werden dürfen, bis es uns gelingt mittels verbesserter Beobachtungsapparate den objectiven Thatbestand mit zweifelloser Sicherheit festzustellen. Das Ziel der Sprachphysiologie wird immer die Aufstellung eines Systemes sein, worin alle typischen Sprachelemente ihren natürlichen Platz finden.

Es braucht nach dem Gesagten nicht noch ausdrücklich hervorgehoben zu werden, dass es ein schwerer Irrthum ist, wenn Sievers meint, das allgemeine System dadurch ersetzen zu können, dass er Einzelsysteme für jede einzelne Mundart aufstellt. Eben in systematischer Hinsicht wird das Studium der Dialecte keinen allzugrossen Gewinn bringen, da ja die einzelne Mundart in der Regel nur über eine verhältnissmässig geringe Anzahl von Sprachelementen verfügt, deren Classification nicht dazu geeignet ist, ein nur einigermassen umfassendes Bild von der Mannigfaltigkeit der Sprachelemente überhaupt zu gewähren. Es wird leicht vorkommen können, dass derjenige, der die Systeme von zwanzig Mundarten studirt hat, demjenigen der einundzwanzigsten gegenüber rathlos dasteht, weil ihm hier

---

vorhandensein des Stimmtons objectiv constatirt ist. Aber ich meine jetzt wie damals, dass die Definition der betreffenden Consonanten als reducirte Mediae auf dem jetzigen Standpunkte der Wissenschaft die einzig zulässige ist, und verstehe nicht, dass Sievers noch in der zweiten Auflage der Grundzüge an dem unglücklichen Namen „tonlose Mediae" hat festhalten können. Vgl. auch Storm, Englische Philologie I, 40—42.

Kategorien begegnen, wovon sich in all den übrigen keine Spur vorfand. Es wird auch nicht viel helfen, die Definitionen einer Reihe von Einzelsystemen zu generalisiren, um dadurch zu einem den betreffenden Mundarten gemeinsamen Grundsystem zu gelangen, so wie es Sievers für die indogermanischen Sprachen versucht, indem er die Formen der indogermanischen Grundsprache als die normalen, diejenigen der übrigen Sprachen als Modificationen davon betrachtet. Denn auch die indogermanische Grundsprache besass nur eine ziemlich geringe Anzahl von Elementen, die nicht einmal hinreichend sind um die Systeme der einzelnen indogermanischen Idiome verständlich zu machen. Dass es überhaupt undurchführbar ist, in der Sprachphysiologie die Elemente der indogermanischen Grundsprache oder irgend einer einzelnen Sprache als die Normalformen aufzuführen, werden wir weiter unten sehen; hier hebe ich nur hervor, dass es schon deshalb unpraktisch ist, von der indogermanischen Grundsprache auszugehen, weil dieselbe ja nicht etwas Greifbares und Gegebenes ist wie eine der modernen Sprachen, sondern nur ein theoretisch construirtes Gebilde, über dessen Aussehen die Meinungen noch vielfach auseinander gehen.

Aus dem Vorhergehenden erhellt zur Genüge, dass es durchaus verwerflich ist, wenn Sievers den akustischen Totalwerth zur Grundlage der Eintheilung machen will. Unsere Wissenschaft hat die Sprache nicht als ein akustisches Phänomen, sondern als ein genetisches Product zu betrachten. Als solches besteht sie aus Elementen, welche theils lautend, theils nicht lautend sind, und die Aufgabe der Sprachphysiologie besteht darin, zu ermitteln, unter welchen Bedingungen dieselben entstehen, und sie zu classificiren nach der Art ihrer Hervorbringung.

Wir haben hiermit gesehen, dass die Grundanschauungen, von denen Sievers ausgeht, in ihren wesentlichsten Punkten falsch sind. Ich werde jetzt zeigen, theils dass die nachfolgende Darstellung Sievers', besonders seine Lehre von den Consonanten und von den Vocalen, vielfach mit seinen eigenen Principien im Widerspruche steht, theils dass besagte Principien auch bei consequenter Handhabung mit Nothwendigkeit zu absurden Ergebnissen führen müssten.

Der „ausdrückliche Zweck" des Sieversschen Buches ist „der einer Einleitung in das Studium der Lautgeschichte der indogermanischen Sprachen". Alle Laute, die sich nicht als Glieder indogermanischer Lautsysteme haben nachweisen lassen, sind von vorn herein principiell von der Betrachtung ausgeschlossen; die Lautformen der indogermanischen Grundsprache sind die Normalformen, die bei der Aufstellung der allgemeineren Definitionen ausschlaggebend sind. Hiernach müsste man füglich erwarten, dass Sievers es als seine nächste Aufgabe betrachten würde, dem Leser die Laute der indogermanischen Grundsprache vor Augen zu führen und dieselben nach ihrem „akustischen Totalwerth" zu classificiren. Daran hätte sich dann eine Darstellung der Einzelsysteme der einzelnen indogermanischen Sprachen zu schliessen unter steter Berücksichtigung der indogermanischen Normalformen.

Diesen Weg hätte Sievers, wie bemerkt, nach seinen eigenen Aeusserungen einschlagen müssen, er hat ihn aber nicht eingeschlagen, wahrscheinlich weil er einsah, dass er mit Nothwendigkeit zu ganz widersinnigen Resultaten führt. Wenn man nämlich mit Sievers die Laute der indogermanischen Grundsprache als die Normalformen betrachtet, so folgt einfach daraus, dass die Laute der einzelnen indogermanischen Sprachen nicht nur in sprachgeschichtlicher, sondern auch in physiologischer Hinsicht als Modificationen derjenigen der Grundsprache aufzufassen sind. Man würde also einen Laut der Einzelsprachen niemals nach seiner eigenen Beschaffenheit definiren können; man müsste ihn stets in erster Linie als Abart der grundsprachlichen Stammform betrachten. So würde z. B. das gotische $þ$ nicht als eine Spirans zu definiren sein, sondern als ein spirantisches t, weil es aus indogerm. t entstanden ist, gr. ‘ wäre in $ἧπαρ$ als ein gehauchtes j, in $ἑπτά$ als ein gehauchtes s zu bezeichnen u. s. w. Diese Consequenzen haben aber selbst Sievers abgeschreckt, sein „historisches System" ernstlich durchzuführen; jedenfalls fängt er S. 40 an „die Gruppen der Sprachlaute und die Einzellaute" ganz apriorisch zu erörtern, als ob die „gemeinsame Stammmutter" gar nicht existirte. Erst später ist hie und da auch von historischen Rücksichten die Rede; das grundlegende Eintheilungsprincip bilden sie, wie gesagt, nicht.

Ist es ihm nun hierdurch auch gelungen, Unzuträglichkeiten, wie den oben erwähnten, aus dem Wege zu gehen, so wird er doch gar bald, theils durch die Verkehrtheit seiner Principien, theils durch die inconsequente Durchführung derselben, in neue Absurditäten und Widersprüche verwickelt, die die früher besprochenen womöglich noch übertreffen. Der zweite Abschnitt des Sieversschen Werkes behandelt, wie oben bemerkt wurde, „die Gruppen der Sprachlaute und die Einzellaute". Er zerfällt naturgemäss in zwei Unterabtheilungen, von denen die erstere „die Gruppen", die letztere „die Einzellaute" umfasst. In der ersten Abtheilung werden nun zunächst die „Sprachlaute" nach ihrem „akustischen Werthe" classificirt. An die Thatsache anknüpfend, dass das menschliche Sprachorgan „Schälle von wesentlich zwiefacher Art, nämlich musikalische Klänge und Geräusche" erzeugt, führt Sievers aus, dass diejenigen Laute den vollkommensten akustischen Gegensatz bilden, „welche entweder aus bloss resonatorisch verändertem Stimmton oder aus bloss resonatorisch veränderten Geräuschen bestehen". Hieraus ergiebt sich also nach Sievers zunächst die Aufstellung von zwei Hauptclassen der Sprachlaute:

I. Sonore (reine Stimmtonlaute, Stimmlaute).
II. Geräuschlaute.

Die Sonoren sind, wie Sievers bemerkt, eo ipso tönend; die Geräuschlaute sind zwar an sich im Gegensatz zu den Sonoren als tonlos zu bezeichnen; es ist jedoch auch möglich, den Stimmton und das Ansatzrohrgeräusch bei der Bildung eines Sprachlautes zu vereinigen. Dadurch entstehen tönende Geräuschlaute, welche die Uebergangsstufe zu den Sonorlauten bilden. „Eine absolut feste Grenze zwischen den Sonorlauten und den tönenden Geräuschlauten" lässt sich überhaupt nach Sievers nicht ziehen, da „durch Veränderungen in dem Verhältniss von Exspiration und Articulation einem Sonorlaut Geräusche beigemischt oder einem Geräuschlaut sein specifisches Geräusch entzogen werden kann." Da aber Gründe dafür sprechen, dass in den älteren indogermanischen Sprachen nur drei Gruppen von Lauten normaler Weise als Sonorlaute gebildet wurden, nämlich die sogenannten Vocale, die Liquidae

(d. h. die *l*- und *r*-Laute) und die Nasale, so fasst Sievers dieselben allein als die eigentlichen Sonorlaute auf, alle übrigen werden zu den Geräuschlauten gerechnet. Nachdem nun Sievers in § 7—8 „die Articulationsarten" und „das System der Articulationsstellen" ausführlich erörtert, und nachdem er im § 9 weniger ausführlich über „die Sprachlaute nach ihrer Intensität und Dauer" gehandelt hat, geht er in der zweiten Abtheilung des zweiten Abschnittes dazu über, „die einzelnen Sprachlaute" zu besprechen. Er behandelt im 1. Capitel „die Sonoren", im 2. „die Geräuschlaute". Dass die Eintheilung in Sonorlaute und Geräuschlaute verfehlt ist, folgt schon daraus, dass sie auf akustischer Grundlage beruht. Will man aber die akustischen Eigenschaften zum obersten Eintheilungsgrunde machen, muss man es natürlich durchweg thun. Nun nimmt zwar Sievers' Aufstellung verschiedener Unterabtheilungen der Sonorlaute ebenfalls, wie wir sehen werden, vorwiegend auf den akustischen Charakter der betreffenden Sprachelemente Bezug. Von seiner Eintheilung der Geräuschlaute in „Verschlusslaute" und „Spiranten" oder „Reibelaute" lässt sich aber dasselbe nicht behaupten, denn wenn man auch den Ausdruck Spirant als eine akustische Bezeichnung auffassen könnte, so ist dies bei den Namen Verschlusslaut und Reibelaut, die vor Allem die Hervorbringungsweise berücksichtigen, nicht möglich. Sievers geräth also schon hier mit seinen eigenen Principien in Widerspruch. Noch schlimmere Dinge passiren ihm aber bei der Behandlung der Sonorlaute im Einzelnen. Die Sonoren, die nach Sievers bei normaler Sprechweise lediglich auf der durch Resonanzwirkungen des Ansatzrohrs bedingten Modification des Stimmtons beruhen, sind also eo ipso tönend. Sie zerfallen, je nachdem der tönende Luftstrom seinen Ausweg durch den Mund, oder durch die Nase, oder durch beide nimmt, in drei Gruppen.

Zur ersten Gruppe, den Mundsonoren, gehören die Vocale und die Liquidae *r, l*. Der Nasenraum ist hier völlig abgesperrt, so dass die Luft nur durch den Mundcanal entweichen kann. Der Unterschied zwischen den beiden Theilen der ersten Gruppe, den Vocalen und Liquiden, ist nach Sievers sehr gering; „er beruht (abgesehen von Unterschieden im Grade der Verengung des Ansatzrohres) lediglich auf einer verschiedenen Articulationsform der Zunge." (Für Sievers ist ja die Articulationsform überhaupt nur Nebensache.) Die zweite Gruppe bilden die Nasensonoren oder Nasale. Bei ihnen ist die Mundhöhle irgendwo verschlossen, die Nase dagegen offen. Die dritte Gruppe ist die der nasalirten Sonoren, unter denen besonders die nasalirten Vocale häufig sind. Der Gaumensegelverschluss ist hier gelockert, so dass der tönende Luftstrom theils zum Munde theils zur Nase hinausströmen kann. Da die nasalirten Sonoren im Indogermanischen stets aus Mundsonoren entstanden sind, werden sie von Sievers als Anhänge zu den letzteren behandelt.

Nach Sievers sind die Sonorlaute ihrem Wesen nach tönend und können also unmöglich tonlos hervorgebracht werden. Mit dieser Auffassung steht es durchaus im Einklang, dass Sievers in der ersten Auflage seines Werkes die Möglichkeit tonloser Nasale ausdrücklich läugnet. (Grundzüge der Lautphysiologie, S. 57.) Dass auch tonlose Vocale denkbar wären, scheint ihm gar nicht in den Sinn gekommen zu sein. Dagegen wusste Sievers schon damals, dass die *l-* und *r-*Laute tonlos gebildet werden können und war darauf bedacht gewesen, diese unbequeme Thatsache mit seinem System in Einklang zu bringen. Er erklärte nämlich Seite 50, dass die tonlosen *l* und *r*, die „in gewissen Fällen" vorkommen, gar keine sonoren Sprachlaute mehr seien, sondern durchaus „spirantische" Consonanten, die von den sonoren *l-* und *r-*Lauten „streng zu scheiden" seien. Nun habe ich aber seit dem Erscheinen der ersten Auflage des Sieversschen Buches nachgewiesen, dass nicht nur das spirantische, sondern auch das sogenannte sonore *l* und *r* sowol tonlos als tönend hervorgebracht werden kann. Wenn ich den Mund für das „sonore" *l* (d. h. das *l* in der gewöhnlichen deutschen Aussprache) einrichte, so kann ich natürlich ganz nach Belieben und ohne die Zungenstellung im Geringsten zu ändern sowol einen tönenden als einen tonlosen Luftstrom durch den Mundcanal passiren lassen. In beiden Fällen entsteht im Ansatzrohr durchaus kein Geräusch und das tonlose „sonore" *l* ist deshalb ebenso wenig als ein spirantisches zu bezeichnen wie das tönende. Andererseits kann ich, wenn ich die Oeffnungen an den Backenzähnen so klein mache, dass eine Friction nothwendig eintreten muss (wodurch also ein spirantisches *l* sich bildet), den so entstehenden Laut bei ganz gleicher Mundstellung nach Belieben tönend und tonlos hervorbringen. Dasselbe ist natürlich mutatis mutandis mit den *r-*Lauten der Fall. (Vgl. Zeitschr. f. vergl. Sprachforsch. XXV, 424.) Ich habe ferner nachgewiesen, dass nicht nur die *l* und *r*, sondern auch die Vocale und die Nasale tonlos hervorgebracht werden können. Die tonlosen Vocale werden in den Sprachen unterschiedslos durch das Zeichen *h* wiedergegeben, die tonlosen Nasale sind in den verschiedenen Sprachen in verschiedener Weise entstanden und werden demgemäss ungleich bezeichnet. (Vgl. Zeitschr. f. vergl. Sprachforschung XXIII, 554 — 57, 541—49.) Es ist interessant zu sehen, wie Sievers sich in der zweiten Auflage seines Werkes mit den eben erwähnten Thatsachen abfindet. Von meinem Nachweis, dass auch die „sonoren" l und r tonlos gebildet werden können, hat Sievers in der zweiten Auflage keine Notiz genommen, vielleicht weil er ihn nicht zu widerlegen vermochte. Es erscheinen also auch hier die tonlosen l und r als „spirantische" Consonanten, die mit den Sonoren nicht vermischt werden dürfen.

Die tonlosen Vocale und Nasale meinte Sievers aber nicht ganz ignoriren zu können; war doch die Existenz der ersteren auch von Whitney, die der letzteren auch von englischen Phonetikern betont worden. So bemerkt denn Sievers S. 93, zur Ueberraschung aller derjenigen, die S. 41 gelernt hatten, dass die Sonorlaute eo ipso tönend sein müssen, ohne weitere Einleitung, dass es auch tonlose Nasale giebt. „Tonlose Nasale ... begegnen in vielen Sprachen, z. B. tonloses n im isländ. *hn* und *kn*, z. B. in *hniga*, *knif* (Hoffory, Kuhns Zeitschr. XXIII, 546 ff.), tonloses m in der Interjection *hm* (worüber unten § 17, Anm. 2 Genaueres)." Die nachfolgende Bemerkung, dass „das Reibungsgeräusch dieser Laute .... wieder von sehr verschiedener Stärke je nach der Intensität der Exspiration" sei, sieht fast wie ein schüchterner Versuch aus, die tonlosen Nasale ähnlich den tonlosen l und r zu „Spiranten" zu stempeln. Da der Nasenraum aber bei der Hervorbringung der Nasale offen steht und überhaupt nicht wie der Mundraum willkürlich verengt werden kann, so folgt es von selbst, dass eigentliche Reibungsgeräusche, die denjenigen der Spiranten vergleichbar wären, hier nicht auftreten können; höchstens finden sie sich vielleicht bei verschnupften Phonetikern. Aber nicht nur tonlose Nasale, auch tonlose Vocale setzt Sievers in der neuen Auflage seines Werkes an. „Als tonlose Vocale", bemerkt er S. 81, „kann man die schwachen Geräusche bezeichnen, welche entstehen, wenn man einen nicht tönenden Exspirationsstrom durch die Stellungen beliebiger Vocale führt. In den herkömmlichen Alphabeten werden alle diese tonlosen Vocale — deren es natürlich so viele giebt als tönende — durch h wiedergegeben, wie zuerst Whitney (Oriental and Linguistic Studies II, 268) bemerkte und nachher Hoffory (Kuhns Zeitschr. XXIII, 554 ff.) weiter ausführte. Nach dieser Auffassung stellt also ha die Lautfolge von tonlosem a und tönendem a dar." Wie man sieht, ist die Ausdrucksweise auch hier so diplomatisch gehalten, dass sie immerhin das Vorhandensein einer gewissen Verwandtschaft der tonlosen Vocale mit den Spiranten durchblicken lässt.

Es ist jedoch nicht ganz klar, ob Sievers unter den „schwachen Geräuschen", die bei der Hervorbringung der tonlosen Vocale angeblich auftreten, solche versteht, die im Ansatzrohr, oder solche, die im Kehlkopf gebildet werden. Meint er das Erstere, so ist dazu zu bemerken, dass Geräusche ähnlicher Art, wie sie bei den Spiranten vorkommen, in der Mundhöhle nicht entstehen können, wenn dieselbe vocalisch offen steht. Meint er das Letztere, so ist zwar anzuerkennen — was ich seiner Zeit übersehen habe — dass bei der Aussprache des *h* die Stimmritze etwas verengt ist, wodurch beim Ausathmen ein leichtes Geräusch entsteht (Czermak, Wiener Sitz.-Ber., math.-naturwissenschaftl. Cl. LII, 2, 623 ff., Brücke, Grundzüge[2] 9, vgl. Sievers' Grundzüge[2], 111). Aber auch dieses Geräusch ist ganz anderer Natur als diejenigen, die den Spiranten eigenthümlich sind, denn es entsteht nicht im Ansatzrohr, sondern durch die Verengung der Stimmritze selbst und kann ähnlich wie der Stimmton mit jedem in der Mundhöhle entstehenden Geräusch verbunden werden.[1] Selbstverständlich können diese Stimmbänder-Geräusche für die Systematisirung der in Rede stehenden Sprachelemente nicht maassgebend sein und haben ja auch Sievers nicht verhindert, dieselben als tonlose Vocale aufzuführen, obgleich die Vocale nach seiner Definition nothwendig tönende Laute sind, die nur auf „Modification des Stimmtons" beruhen. Es zeugt vielleicht von einem dunklen Gefühl des hierin liegenden Widerspruches, vielleicht auch nur von weitgehender systematischer Harmlosigkeit, wenn Sievers den obencitirten Ausführungen die Bemerkung hinzufügt, dass man das *h* ausser in der angegebenen Weise auch noch — ganz anders definiren könne. „Andere", bemerkt er a. a. O., „fassen das consonantisch fungirende

---

[1] Da die Stimmbänder beim Aussprechen der tonlosen Vocale einander etwas mehr genähert sind als bei den übrigen tonlosen Sprachelementen, sollten sie eigentlich mit diesen nicht ohne Weiteres zusammengeworfen werden. Da aber andererseits die Annäherung nicht so gross ist, dass die Stimmbänder in tönende Schwingungen gerathen oder auch nur ein Flüstergeräusch erzeugt wird, so erscheint es am Natürlichsten, die verschiedenen *h*-Typen als eine Unterabtheilung der Normal-Tonlosen aufzuführen. Vgl. auch Techmer, Phonetik I, 45—46, und die sehr instructiven Abbildungen II, Taf. II.

h selbständig, und sagen demgemäss consequent, in ha habe das h die a-Stellung oder a-Resonanz, in he die e-Resonanz u. s. w. (vgl. § 17. 23, 3)", giebt aber nicht mit einer Silbe zu verstehen, welche von beiden Ansichten vorzuziehen sei. Um eine solche Frage zu entscheiden, reicht eben die Sieverssche Phonetik nicht aus. — Es liegt auf der Hand, dass durch diese neue Perspektive die oben aufgedeckten Widersprüche mit nichten gehoben werden; im Gegentheil: der Leser, dem es nicht in den Sinn wollte, dass die eo ipso tönenden Sonoren auch tonlos gebildet werden können, muss nun auch darüber nachdenken, wieso Resonanz und Tonlosigkeit, die bis jetzt als Gegensätze galten, mit einem Male dazu kommen, bei der Hervorbringung des h vereinigt aufzutreten.

Wenden wir uns nunmehr, nachdem wir hiermit die Sieversche Eintheilungsmethode im Allgemeinen beleuchtet haben, zu seiner Lehre von der Articulation und Classification der Sprachelemente im Einzelnen. Wir betrachten zunächst die Consonanten, dann die Vocale.

Von den Consonanten werden, wie wir oben sahen, die vibrirenden und die lateralen (die Sievers unter dem nichtssagenden Namen der Liquidae zusammenfasst) sowie die Nasale (oder die nasalen clusilen Consonanten) unter den „Sonoren" abgehandelt, die oralen clusilen und fricativen Consonanten unter den „Geräuschlauten".

Ueber die Hervorbringung der „Liquidae" bemerkt Sievers, dass „der liquide r-Laut entsteht durch coronale, der l-Laut durch laterale Articulation der Zunge, d. h. für die r-Laute ist die Articulation des vorderen Zungensaumes, für die l-Laute die der beiden Seitenränder characteristisch. Denn das

Rollen der Zungenspitze beim r ist, wenigstens wenn wir den historischen Entwickelungsverlauf der indogermanischen Sprachen ins Auge fassen, als unwesentlich und secundär zu betrachten; desgleichen sind das sog. gutturale oder uvulare und das Kehlkopf-r offenbar erst spätere Substitutionen für das ursprünglichere Zungenspitzen-r. In Uebereinstimmung mit dem eben Citirten macht nun Sievers bei der Eintheilung der verschiedenen r-Varietäten einen erneuten Versuch, seine historischen Gesichtspunkte zur Geltung zu bringen, indem er, statt die verschiedenen r nach den Articulationsstellen zu classificiren, zunächst zwischen normalen, den ältesten indogermanischen Sprachen allein eigenen „r-Lauten" und „Substitutionszitterlauten" sondert. Zu den Ersteren gehören nach Sievers das cerebrale r und die verschiedenen Spielarten, die Sievers mit dem gemeinschaftlichen Namen des alveolaren r bezeichnet, zu den Letzteren das uvulare r, das Kehlkopf-r und das Lippen-r. Im Einzelnen wäre dazu Manches zu bemerken; namentlich verstehe ich nicht, wie Sievers hier, wo es sich ja nicht um eine beiläufige Erwähnung sondern um die Aufstellung einer besonderen Kategorie handelt, dazu kommt, das labiale r mit anzuführen. Nach Seite 37 sind ja „von vorne herein alle Laute principiell von der Betrachtung ausgeschlossen worden, welche sich bisher nicht als Glieder indogermanischer Lautsysteme haben nachweisen lassen"; das Lippen-r ist aber „als eigentlicher Sprachlaut" nach den eigenen Angaben Sievers' (vgl. S. 90) nur gelegentlich in den finnischen Idiomen nachzuweisen, sowie in der Sprache einer Insel in der Nähe von Neuguinea. Die „finnischen Idiome" sollten ja nach dem oben citirten Grundsatze nicht berücksichtigt werden: ob auf der gedachten Insel in der Nähe von Neuguinea ein indogermanischer Dialekt gesprochen wird, ist billig zu bezweifeln. — Wir haben eben gesehen, dass Sievers die verschiedenen r-Varietäten zunächst nach historischen Gesichtspunkten eintheilt. Schon bei den „l-Lauten" lässt er aber stillschweigend die historischen Classificationsprincipien fallen und theilt die verschiedenen l-Varietäten lediglich nach den Articulationsstellungen in cerebrale, palatale, alveolare u. s. w. ein, und ebensowenig ist bei den Nasalen von einer historischen Gruppirung die Rede. Im Uebrigen werden diese beiden Classen so flüchtig abgethan, dass sie im Einzelnen zu weiteren Bemerkungen (abgesehen von den S. 31 ff. erörterten Fragen) keine Veranlassung geben. Dagegen zeigt die speciellere Behandlung der clusilen und fricativen Consonanten wiederum mehrfach, zu welch widersinnigen Resultaten die Sieverssche Methode führt. Es fällt zunächst in die Augen, dass das, was Sievers Verschlusslaut, und das, was er Reibelaut (Spirant) nennt, etwas ganz Verschiedenartiges und nicht Parallelisirbares ist. Die Spiranten entstehen ja, wenn an irgend einer Stelle im Ansatzrohr eine Enge vorhanden ist, an deren Rändern sich der Luftstrom reiben kann; d. h. wenn die Organe in einer bestimmten Lage verharren (ähnlich wie bei den „Liquiden", Nasalen und Vocalen). Bei den „Verschlusslauten" ist aber nach Sievers „das eigentlich Characteristische" „der Akt des Verschlusses und die Lösung desselben, also diejenigen beiden Momente, welche der Verschlussstellung vorausgehen und ihr folgen" (S. 45). d. h. die Verschlusslaute entstehen nach Sievers, wenn die Organe aus einer Lage in eine andere übergehen. Wir haben oben gesehen, dass diese Auffassung der Verschlussconsonanten durchaus verkehrt ist und nur darauf beruht, dass Sievers die Bedeutung der lautlosen Momente beim Sprechen vollständig verkannt hat. Das Characteristische bei den Verschlussconsonanten ist eben das Vorhandensein eines Verschlusses in der Mundhöhle; das Characteristische bei den Spiranten das Vorhandensein einer Enge; im ersten Falle tritt eine kurze Pause ein, im letzten Falle entsteht ein specifisches Geräusch. Die Geräusche, welche bei der Bildung und der Lösung des Verschlusses entstehen (z. B. in einem Worte wie *appa*) sind natürlich nicht mit dem specifischen Geräusche der Spiranten zu vergleichen, sondern mit den Uebergangslauten, die sich bilden (z. B. in einem Worte wie *assa*), wenn man von der *a*-Stellung zur *s*-Stellung und von dieser wieder zur *a*-Stellung übergeht. Oder mit anderen Worten: die implosiven und explosiven Geräusche, die bei der Bildung und Lösung des Verschlusses entstehen, und die Sievers fälschlich für das eigentlich Characteristische bei den Verschlusslauten hält, sind — wie Flodström a. a. O. S. 3—13 scharfsinnig ausgeführt hat — gar keine selbständigen Sprachelemente, sondern lediglich Uebergangslaute (glides), d. h. diejenigen Laute, die entstehen, wenn man von einer festen Stellung für ein Sprachelement in die feste Stellung für ein anderes übergeht. Sie werden aber dadurch viel vernehmlicher für das Ohr als andere Uebergangslaute, dass der Uebergang von einem lautlosen zu einem lautenden Sprachelemente stattfindet, nicht wie sonst von einem lautenden Elemente zum anderen.

Mit Recht sagt Flodström (a. a. O. S. 13—14): „Wenn nun die sog. Verschlussconsonanten, sowol explosive als implosive .... eigentlich nur Uebergangslaute sind, so sieht man gleich ein, dass sie bei der Betrachtung und wissenschaftlichen Behandlung von sprachlichen Verhältnissen nicht mit den selbständigen Sprachlauten zusammengestellt werden können, sondern dass sie wie andere Uebergangslaute betrachtet werden müssen, wenn auch der Uebergang bei ihnen nicht zwischen zwei Lauten stattfindet, sondern zwischen einem Laut und einem lautlosen Momente beim Sprechen. Man hat bisher diese lautlosen Momente so gut wie ignorirt und sich nur an die Laute gehalten; und obwol bei den Verschlussconsonanten nur Uebergangslaute vorkommen, hat man diese als selbständige Consonantlaute betrachtet und behandelt und die natürliche Folge hiervon ist gewesen, dass man sich in Widersprüche und unlösbare Schwierigkeiten verwickelt hat." Durch die ungebührliche Betonung der akustischen Verhältnisse hat sich Sievers nicht nur die Möglichkeit verschlossen, über das Wesen der Verschlussconsonanten ins Klare zu kommen; er hat auch in seine Combinationslehre dieselbe Unklarheit hineingetragen, die in den vorhergehenden Abschnitten so viel Unheil angerichtet hat. —

Die Tenuis-Media-Frage war von Sievers in der ersten Auflage in sehr verwirrender und verworrener Weise behandelt worden, indem er das Intensitätsprincip für das zunächst Maassgebende hielt, dabei aber auch die Quantität — die mit dieser Frage nicht das Mindeste zu thun hat — für „durchaus nicht unwesentlich" ansah. Als „drittes Moment" liess er dann auch „eventuell" den Stimmton gelten. Die Unrichtigkeit dieser Auffassung habe ich in der Zeitschrift f. vergl. Sprachforschung XXV. 420 ff. ausführlich nachgewiesen. In der zweiten Auflage des Sieversschen Werkes sind nun hierin grosse Veränderungen eingetreten. Es wird zwar hervorgehoben, dass die Intensitätsunterschiede nicht ohne Bedeutung sind, so dass man „in Beziehung auf das relative Maass des Luftdruckes bei der Erzeugung ihres Geräusches" berechtigt ist, „p und tönendes b, f und tönendes v einander als Fortis und Lenis entgegenzustellen", und es wird zugleich betont, „dass es Sprachen giebt, welche tonlose Laute verschiedener Stärke einander gegenüberstellen". Aber daneben wird es ausdrücklich anerkannt, dass der Intensitätsunterschied nicht ohne Weiteres als oberstes Princip hingestellt werden darf, denn „einmal ist der geringe Luftdruck im Munde bei den tönenden b, v, gegenüber p, f, offenbar an sich nur die Folge der Hemmung des Exspirationsstroms, welche dieser im Kehlkopf durch das Einsetzen der Stimmbänder zum Tönen erfährt, und zweitens liegt es auf der Hand, dass die geringere Intensität, mit welcher die specifischen Geräusche des b, v erzeugt werden, nicht nothwendig als der wesentlichste Unterschied dieser Laute von p, f betrachtet werden müsse" (S. 56). Es wird ferner die verkehrte Ansicht über die Bedeutung der Quantität für die Tenuis-Media-Frage ausdrücklich widerrufen: „Die Quantität eines Lautes hat an sich keinen Einfluss auf die Qualität desselben. Sie kann daher auch nicht zu einem eigentlichen Eintheilungsprincip erhoben werden" (S. 58). Und es wird endlich zugegeben, dass der Stimmton nicht „als drittes Moment" „eventuell" auftritt, „im Gegentheil, das Mittönen der Stimme bei *b*, *v* wird immer das am ersten in die Ohren fallende Merkmal sein" (S. 56) — und dies alles wird mit so unbefangener Miene vorgetragen, als ob in der ersten Auflage nicht das genaue Gegentheil gestanden hätte. — Von den Sieversschen „tonlosen Medien" war schon oben die Rede.

Ueber die clusilen Consonanten im Einzelnen ist noch zu bemerken, dass Sievers die Uebergangslaute, die entstehen, wenn man z. B. von der *t*-Stellung zu der *l*-Stellung, oder von der *p*-Stellung zu der *m*-Stellung übergeht, bez. als „laterale" und „velare" Verschlusslaute aufführt, gerade wie er die Uebergangslaute, die entstehen, wenn man z. B. von der *p*- oder *k*-Stellung zu der *a*-Stellung übergeht, bez. als labiale und gutturale Verschlusslaute anführt. Das eine ist natürlich so verkehrt wie das andere. Nachdem Sievers S. 98—105 die Spiranten im Einzelnen besprochen, theilt er S. 106 die umstehend abgedruckte Consonantentabelle mit, die in übersichtlicher Weise die ganze Verworrenheit und Inconsequenz, welche seine Behandlung der Consonanten auszeichnet, dem Leser nochmals vor Augen führt.

Die Inconsequenz fängt schon bei der Terminologie an, indem der von Sievers in den früheren Abschnitten gebrauchte Name Verschlusslaut hier durch den (die Sieverssche Auffassung allerdings besser characterisirenden) Ausdruck Explosivlaut stillschweigend ersetzt wird. Die „explosiven" Uebergangslaute wie *p, t, k, t* [*l*], *p* [*m*] u. s. w. werden natürlich auch hier mit selbständigen Sprachelementen, wie die Spiranten, die Nasale u. s. w.

CONSONANTENTABELLE.

	Dauerlaute			Momentane Laute			
Sonorlaute		Geräuschlaute		Explosivlaute			
r-Laute	Nasale l-Laute	Spiranten tonl.	tön.	tonl.	tön.		
(r)	—	m	w	p, b, (p), b, b	b, (b)	Labiale	Lippenlaute
—	—	(m)	f	f	(v)	Labiodentale	
r	i	n	z, ž	s, š	t, d	Cerebrale	
—	l¹	n¹	d¹, ?(?)	θ¹, s¹(?)	t¹, d¹	Interdentale	Coronale
—	l²	n²	d², z²	θ², s²	t², d²	Postdentale	
r¹, r²	l³	n³	z³, s³	s³, š¹	t³, d³	Coronal-alveolare	Supradentale
—	l⁴	n⁴	z⁴, s⁴	s⁴, š²	t⁴, d⁴	Dorsal-alveolare	
—	l¹, l²	n¹, n²	ž¹, š¹, j¹, j² ; ʒ¹, ʃ²	ɕ¹, ɕ² ; ʃ¹, ʃ² ; g¹, g² ; k¹, k² ; g¹, g²	c¹, c²	Palatale	Dorsale / Zungengaumenlaute
r³	—	ŋ¹, ŋ²	(l's)	ʒ¹, ʒ²	g¹, g²	Gutturale	
—	(alle l-Laute)	tön. spir. l	t[l] etc.	d[l] etc.	tonlose l	Cerebral — palatal (guttural?)	Laterale
—	—	—	p[m], t[n] etc. b[m], d[n] etc. [Schnarchen]			Velarlaute	
r⁴	—	—	(bisweilen Schnarch.)	(§ 17). Flüstergeräusch (S. 22) (S. 23)	' (§ 17)	Faucallaute	

es sind, unbedenklich parallelisirt; das tonlose *l* wird ohne Weiteres zu den Spiranten gerechnet. Dagegen ist das tonlose *r* in der Tabelle nirgends zu erblicken: vermuthlich weil Sievers noch kein passendes Unterkommen dafür gefunden hat; ebenfalls glänzen die tonlosen Nasale characteristischer Weise durch Abwesenheit. Dass das „Schnarchen" unter den Consonanten aufgeführt wird, ist schon deshalb sehr auffallend, weil das besagte Geräusch nach der allgemein geltenden Auffassung nicht zu denjenigen „Sprachlauten" gehört, „welche sich bisher als Glieder indogermanischer Lautsysteme haben nachweisen lassen", und weil Sievers ganz ähnlich geartete Naturlaute wie Husten, Räuspern, Niesen u. s. w. nicht zu den indogermanischen Consonanten rechnet. Aber noch verwunderlicher erscheint die Definition des Schnarchens als tonlose velare Spirans; denn da — wie Sievers selbst hervorhebt — „bisher eine Stellung" des Gaumensegels „nicht beobachtet worden ist, welche zur Erzeugung eines Reibungsgeräusches durch einen durch die Nase geführten Luftstrom diente" (S. 43), und da somit „kein eigenes Reibungsgeräusch zwischen Gaumensegel und Rachenwand erzeugt wird, wenn das erstere gesenkt ist", folgt es, wie Sievers richtig bemerkt, „von selbst, dass velare Reibelaute einstweilen nicht zu statuiren sind" (S. 54).

Vielleicht gereicht es denjenigen, die sich mit dem eben erwähnten tonlosen velaren Reibeschnarchen ohne Reibegeräusch nicht befreunden können, einigermassen zum Troste, dass man nach Sievers' Consonantentabelle auch „sonor" schnarchen kann, obgleich eine nähere Beschreibung dieser Species Vielen gewiss sehr erwünscht gewesen wäre.

Eben so interessant wie seine Behandlung der Consonanten ist Sievers' Beschreibung und Classification der Vocale — wenn auch auf etwas andere Weise. Die grosse Revolution, die auf dem Gebiete der Vocalsystematik stattgefunden hat, ist bekanntlich von Melville Bell ausgegangen. Es ist sein unsterbliches Verdienst, die älteren, auf akustischer Grundlage beruhenden Eintheilungen der Vocale beseitigt und durch ein neues und besseres System ersetzt zu haben. Er ordnet die Vocale weder nach subjectiver Gehörsabschätzung noch nach Klangfarbe und Eigenton, sondern nach den verschiedenen Articulationsstellungen derselben, und er begnügt sich nicht damit, die ihm zufällig bekannten Varietäten in Reihe und Glied zu stellen, sondern er sucht alle Möglichkeiten der Entstehung eines Vocals in erschöpfender Weise zu classificiren (vgl. Bell, Visible Speech, S. 14—17), d. h. er hat die Principien, welche Brücke bei der Eintheilung der Consonanten befolgte, auch auf die Anordnung der Vocale angewendet, und es ist ihm dadurch gelungen, ein System zu schaffen, welches trotz Fehler und Mängel im Einzelnen einen eben so grossen Fortschritt bezeichnet wie seinerzeit Brückes Consonantensystem den älteren Darstellungen gegenüber. Es braucht kaum hervorgehoben zu werden, dass ein so geartetes System mit den Sieversschen Principien im unlösbarsten Widerspruche steht, und selbst diejenigen, die mit den sonstigen Inconsequenzen Sievers' vertraut sind, müssten erwarten, dass er die Bellsche Vocaltheorie ebenso energisch bekämpfen würde, wie er die Brückesche Eintheilung der Consonanten befehdet. Dies geschieht indessen nicht; im Gegentheil, er hat das System Bells so rückhaltslos adoptirt, dass er sogar „die Beschreibung desselben in möglichst wörtlichem Anschluss an die Darstellung von Sweet, Handbook 8 ff. und die vortrefflichen Ausführungen von Storm, Englische Philologie 56 ff., 63 ff." giebt (vgl. S. 73), und er weiss seine Vorzüge plausibel zu machen mit einer stattlichen Reihe von Gründen, welche an sich zwar beherzigenswerth sind, die aber, von Sievers vorgetragen, einen ähnlichen Eindruck machen, als wenn der Papst eine Lobrede auf den Protestantismus halten würde. Wer da liest, wie Sievers S. 72 den deutschen Vocaltheorien zum Vorwurf macht, dass sie „den Klangwerth der Laute zu sehr an die Spitze" stellen, und S. 73 Bell preist, weil er „das subjective Moment der Abschätzung nach der akustischen Aehnlichkeit der Vocale vollkommen" ausschliesst, wird sich verwundert fragen, warum denn hier nicht wie sonst „der akustische Gesammtwerth" den obersten Eintheilungsgrund abgeben darf, und wer S. 73 sieht, wie Bell gelobt wird, weil er sein System „auf einer Analyse der Articulationsstellungen der Vocale" aufbaut, wird dies schwerlich damit zusammenreimen können, dass Brücke S. 33 sich herben Tadel gefallen lassen musste, weil er „seine Zeichen ausdrücklich als Stellungszeichen, nicht als Lautzeichen aufgefasst wissen wollte". Und die Freude, die Sievers S. 79 darüber empfindet, dass das Bellsche System „eine weit genauere Uebersicht über die möglichen Typen der Vocalbildung als das ältere deutsche System" gewährt, wird Allen unverständlich bleiben, die sich daran erinnern, dass Sievers S. 36 sich veranlasst sah, auf die Frage, ob es überhaupt thunlich sei, ein allgemeines, alle möglichen Laute der menschlichen Sprachorgane umfassendes System aufzustellen,

„mit möglichster Entschiedenheit Nein zu antworten". Wie ist es doch seltsam, derartige Widersprüche in einem Buche friedlich nebeneinander liegen zu sehen, ohne dass der Urheber des Buches von ihrer Existenz eine Ahnung zu haben scheint! Auf Einzelheiten in Betreff der Anordnung und Analyse der Vocale werde ich in diesem Zusammenhange nicht eingehen, da es hier nicht meine Aufgabe sein kann, das Bellsche System zu kritisiren; dagegen lasse ich einige Bemerkungen über die Vorrede des Sieversschen Buches folgen, da dieselbe von Wichtigkeit ist für die Beurtheilung der Stellung, welche Sievers zur englischen und deutschen Phonetik einnimmt. Im Vorwort zur ersten Auflage war von der englischen Schule noch nicht die Rede, der Hauptvertreter der deutschen Sprachphysiologie, Ernst Brücke, wurde aber nicht nur erwähnt, sondern bekam zugleich zu hören, dass seine Schriften „durch ihren starren Schematismus jetzt den Fortschritt der Forschung fast eher zu hemmen als zu fördern geeignet erscheinen" (Grundzüge der Lautphysiologie [1], S. VI). Günstig beurtheilt wurde von deutschen Forschern ausser dem Freunde Winteler nur L. Merkel, der — vielleicht wegen seiner wahlverwandten sprachphysiologischen Unklarheit — Sievers besonders sympathisch zu sein scheint.

Von denselben Gesinnungen der deutschen Forschung gegenüber legt die Vorrede zur zweiten Auflage in noch beredterer Weise Zeugniss ab; während Sievers für Brücke nur mitleidige Geringschätzung übrig hat, ist er voller Bewunderung für Merkel, dessen Arbeiten „für den verständigen Leser eine Fülle von anregenden Gesichtspunkten darbieten: freilich gerade auf Gebieten, bis zu denen die Brücke'sche Phonetik überhaupt noch nicht fortgeschritten ist, die sich bescheiden mit der Aufstellung eines schematischen Laut- oder vielmehr Stellungssystems begnügt, ohne den höheren Fragen der Phonetik Beobachtung zu schenken" (vgl. S. VIII). Ich halte es nicht für nothwendig, Brücke hier noch ausdrücklich gegen derartige Angriffe in Schutz zu nehmen; es wird wol schwerlich ein zweiter Phonetiker mit Sievers der Meinung sein, dass Brücke, der zuerst unserer Wissenschaft eine feste Grundlage gegeben hat, statt Dankes Hohn für seine Bemühungen verdient habe. Hat doch sogar einer der hervorragendsten Vertreter der der Brücke'schen Phonetik nicht besonders günstig gesinnten englischen Schule, Henry Sweet, ausdrücklich anerkannt, dass „it is to Germany that we owe the first attempt to construct a general system of sounds on a physiological basis — E. Brücke's Grundzüge der Physiologie der Sprachlaute (2 nd ed., Wien, 1876)": vgl. Sweet, Handbook of Phonetics, pg. VI. Ja ich denke, Viele werden finden, dass kaum Jemand ungeeigneter wäre über Brücke in dieser Weise zu Gericht zu sitzen als eben Sievers, der nicht einmal Brückes Principien verstanden hat, und dessen eigenes System keine andere Consequenz als die der Inconsequenz besitzt. Dieser Verhöhnung des Hauptvertreters der deutschen Phonetik gegenüber springt die doch etwas übertriebene Verherrlichung der englischen Schule um so mehr in die Augen. Es wird z. B. hier, nachdem die Vorzüge der Werke von Bell, Ellis, Sweet, Storm und der sich ihnen anschliessenden Phonetiker gebührend hervorgehoben worden, unerbittlich decretirt: „Aus diesen Werken wird der Phonetiker, dem es Ernst um die Sache ist, hauptsächlich zu schöpfen haben. Dies ohne allen Vorbehalt anzuerkennen ist eine Ehrenpflicht auch der deutschen Phonetik"…. (S. VII) und an einer anderen Stelle heisst es: „Ich halte es im Interesse eines sachlichen Fortschritts durchaus nicht für wünschenswerth, dass der Anfänger im phonetischen Studium viel Zeit und Mühe auf die älteren Autoren verwende, bei denen Wahres und Falsches noch zu stark gemischt erscheint. Ueber Bell braucht heutzutage Niemand mehr zurückzugreifen" (S. X). Leider scheint aber das Verständniss, welches Sievers der englischen Phonetik entgegenbringt, nicht so gross zu sein als die Begeisterung, die er für dieselbe hegt. Jedenfalls ist es sehr naiv, wenn er S. VII bemerkt: „der einzige Punkt von bedeutenderer Tragweite, in dem ich von dieser neueren Richtung, wie übrigens auch von der älteren deutschen Schule abweiche, ist die negative Stellung, die ich gegenüber den Bestrebungen nach Aufstellung eines allgemeinen phonetischen Systemes einnehme", denn von diesem ‚einzigen Punkt' ist die ganze Behandlungsweise der wichtigsten phonetischen Probleme abhängig. Und wenn Sievers ferner die englische Schule als „die weniger hochtheoretische, aber darum [1] um so lebenskräftigere Tochter" der deutschen Phonetik bezeichnet, so ist diese Characteristik wol so ziemlich die unpassendste, die der englischen Sprachphysiologie überhaupt zu Theil werden könnte. Im Gegentheil: die Hauptwerke von Bell und Sweet sind derartig constructiv angelegt, dass man viel eher ihnen als den Brückeschen Grundzügen den Vorwurf eines „starren Schematismus" machen könnte. — Fast eben so werth-

---

[1] Darum!

volle Aufschlüsse, wie sie die Vorrede über Sievers' Stellung zu den verschiedenen Schulen darbietet, wird der aufmerksame Leser in der Bibliographie finden können. Nach den übereinstimmenden Aeusserungen im Vorwort zur ersten und zweiten Auflage (vgl. S. VI bez. XI) bezweckt die Bibliographie „ein Verzeichniss von solchen Schriften zu geben, aus denen man noch jetzt mit Vortheil sich über manche Dinge unterrichten kann oder die ihrer Zeit durch besondere Originalität hervorragten".

Betrachtet man nun das Verzeichniss der ersten Auflage, so gewahrt man bald, dass neben anderen nicht unverdienstlichen Werken auch — Brückes Grundzüge der Physiologie und Systematik der Sprachlaute fehlen. Ist nun zwar diese Weglassung unzweifelhaft als ein Versehen (wenn auch als ein sehr charncteristisches) zu betrachten, so wird es jedenfalls nicht auf Versehen. sondern auf bestimmter Absicht beruhen, dass Scherers in der ersten Auflage mit angeführtes Werk Zur Geschichte der deutschen Sprache in der Bibliographie der neuen Ausgabe nicht mehr erwähnt wird. Wäre eine derartige Weglassung in einem nicht-junggrammatischen Werke vorgekommen, so ist zehn gegen eins zu wetten, dass der Autor in sehr kurzer Frist hätte hören müssen, sein Verfahren beruhe auf „persönlicher Rancune", „persönlichem Getriebe hinter den Coulissen" und was dergleichen edle Motive mehr sind. Mir liegt es fern, Sievers derartige Beweggründe unterzuschieben; ich zweifle im Gegentheil gar nicht daran, dass er in der Zeit zwischen dem Erscheinen der ersten und zweiten Auflage seines Buches zu der Erkenntniss gelangt ist. dass Scherers Werk weder seiner Zeit „durch besondere

Originalität hervorragte" noch zu denjenigen Schriften gehört, „aus denen man noch jetzt mit Vortheil sich über manche Dinge unterrichten kann". Aber da es doch Sievers kaum zweifelhaft sein konnte, dass diese Ansicht von Vielen, auch unter den ihm nahestehenden Fachgenossen, nicht getheilt werden würde, so hätte er alle Veranlassung gehabt, sich über die Gründe zu äussern, welche den erwähnten Sinneswechsel hervorgerufen haben. Und eine solche Aufklärung wäre um so mehr am Platze gewesen, als die besagte Weglassung sich einer anderen Neuerung gegenüber um so sonderbarer ausnimmt. In der Bibliographie der zweiten Auflage hat nämlich Sievers diejenigen Autoren, die „der durch Bell gegründeten neueren Schule" (vgl. S. VII) angehören, durch einen Stern ausgezeichnet. Hiergegen würde sich im Princip nichts einwenden lassen. Aber — ähnlich wie mancher Souverain — geht Sievers mit seinem Stern der Phonetik etwas verschwenderischer um, als es sich mit den von ihm selbst angegebenen Bedingungen der Verleihung vereinbaren lässt. So sind z. B. mit demselben Sv. Grundtvig und J. Winteler bedacht worden, der erstere wegen seiner Abhandlung über die dänische Betonung[1], der zweite wegen seiner Schrift über die Kerenzer Mundart.[2] Dass die Grundtvigsche Abhandlung in die Bibliographie Aufnahme gefunden hat, ist schon deshalb höchst auffallend, weil dieselbe den Gegenstand vom rein grammatischen Standpunkte

---

[1] Sv. Grundtvig, Det danske sprogs tonelag in Beretning om forhandlingerne paa det første nordiske filologmøde, 1876, Kopenhagen 1879, 98 ff.

[2] J. Winteler, die Kerenzer Mundart in ihren Grundzügen dargestellt. Leipzig, 1876.

aus behandelt und sich so gut wie gar nicht mit
sprachphysiologischen Fragen beschäftigt. Aus dem
letzterwähnten Grunde ist es auch unwahrscheinlich,
dass sie besonders von der „Bellschen Schule" beeinflusst sein sollte. Ueberhaupt darf ich wol hier,
ohne dem Andenken meines verstorbenen Lehrers zu
nahe zu treten, hervorheben, dass derselbe, der ja
überhaupt nicht Phonetiker von Fach war, nur einen
sehr vagen Begriff von den Forschungen Bells und
Sweets hatte: auch ist mir nicht bekannt, dass er jemals darauf Anspruch erhoben hätte, als Specialist
auf dem Gebiete der Sprachphysiologie zu gelten. —
Ueber die Kerenzer Mundart hatte sich Sievers schon
in dem Vorwort zur ersten Auflage mit hinreichender
Ausführlichkeit verbreitet; von einer Beeinflussung
seitens der englischen Phonetik war damals bei Winteler
so wenig wie bei Sievers selbst die Rede. Da nun
das Wintelersche Werk seitdem nicht in neuer Auflage
erschienen ist, lässt es sich schwer begreifen, wie es
in der Zwischenzeit dazu gekommen ist, von dem Einfluss der englischen Schule zu profitiren. Vielleicht
giebt uns die Vorrede der zu erwartenden dritten Auflage Auskunft über diesen Punkt wie über andere der
obengedachten Sieversschen Räthsel. — Die übrigen
Abschnitte des Werkes beschäftigen sich durchgehends
mit den „höheren Fragen der Phonetik". Ich muss
hier, wo ich nur Sievers' Verhältniss zu den Principien
der Sprachphysiologie zu behandeln habe, darauf verzichten, im Einzelnen nachzuweisen, wie viel Unheil
seine verkehrten Grundanschauungen in den genannten
Abschnitten angerichtet haben. Gewiss ist die blosse
Aufstellung eines Systemes, wie Sievers bemerkt (cfr.

oben S. 6) „eine der elementarsten Thätigkeiten des Phonetikers". Aber in der Sprachphysiologie wie in jeder anderen Wissenschaft sind die elementarsten Fragen die wichtigsten, und wer sich für berechtigt hielt, über dieselben vornehm hinwegzusehen, hat noch immer zuletzt den Schaden davon gehabt. Es liegt auch nicht im Plane dieser Abhandlung, auf die vielen guten Einzelbeobachtungen einzugehen, welche das Sieversche Werk enthält. Ihrer in erster Linie zu gedenken wäre am Platze, falls wir es hier nicht mit einer zusammenfassenden Darstellung der phonetischen Wissenschaft zu thun hätten, sondern mit einer Art Nachschlagebuch, aus dem man Einzelheiten zu beliebigem Gebrauche herausgreifen kann. Als ein solches wünscht Sievers aber sein Werk vor allen Dingen nicht betrachtet zu sehen (vgl. Vorrede zur ersten Auflage S. VII, zur zweiten Auflage S. XI), weil — wie er a. a. O. hervorhebt — ein jedes vereinzelte phonetische Factum „aus seinem Zusammenhange herausgerissen, todt und unfruchtbar" bleibt, und „am verkehrten Orte angebracht, die unlösbarsten Verwirrungen" hervorbringt. Ich bin ganz derselben Ansicht. Und wenn Sievers weiter bemerkt: „Nur systematische Arbeit kann hier fruchten", so bin ich auch hiermit völlig einverstanden. Hätte Sievers nur selbst erkannt, dass dieser beherzigenswerthe Spruch vor allem auf die elementaren Fragen der Sprachphysiologie Anwendung findet, so hätte ich nicht nöthig gehabt, dieses Büchlein zu schreiben.